Hiszpański w podróży

Praktyczny przewodnik dla podróżników

Daria Gałek

While every precaution has been taken in the preparation of this book, the publisher assumes no responsibility for errors or omissions, or for damages resulting from the use of the information contained herein.

HISZPAŃSKI W PODRÓŻY: PRAKTYCZNY PRZEWODNIK DLA PODRÓŻNIKÓW

First edition. July 21, 2023.

ISBN: 979-8223779704

Written by Daria Gałek.

Spis treści

Wstęp

"Hiszpański w podróży" to praktyczny przewodnik stworzony specjalnie dla osób, które planują podróż do hiszpańskojęzycznego kraju lub chcą swobodnie porozumiewać się podczas zagranicznych wyjazdów. Książka zawiera przydatne słownictwo i zwroty, które są niezbędne w typowych sytuacjach podróżnych. Znajdziesz tu przykładowe zdania, które pomogą Ci zapytać o drogę, złożyć zamówienie w restauracji, zarezerwować nocleg i wiele innych. Książka zawiera również praktyczne wskazówki, jak korzystać z języka hiszpańskiego w różnych sytuacjach podróżnych, jak unikać najczęstszych błędów i jak zyskać pewność siebie w komunikacji.

"Hiszpański w podróży" to doskonała pomoc dla podróżników, którzy chcą opanować podstawy języka hiszpańskiego i swobodnie porozumiewać się w hiszpańskojęzycznym środowisku podczas swojej przygody za granicą. Mam nadzieję, że ta książka będzie dla Ciebie pomocna i umożliwi swobodne porozumiewanie się podczas podróży!

Rozdział 1: Podstawowe zwroty i pytania

Witaj w pierwszym rozdziale naszego praktycznego przewodnika "Hiszpański w podróży"! Ten rozdział poświęcony jest najważniejszym podstawowym zwrotom i pytaniom, które pomogą Ci porozumieć się w hiszpańskojęzycznym środowisku podczas podróży.

Poznanie tych zwrotów i pytań jest kluczowe, ponieważ umożliwiają one nawiązanie pierwszego kontaktu z miejscowymi mieszkańcami, kelnerami, przewodnikami czy innymi podróżnikami. Dzięki nim poczujesz się pewniej w nieznanym środowisku i łatwiej zaadaptujesz się do nowego otoczenia.

W tym rozdziale znajdziesz podstawowe zwroty grzecznościowe, takie jak "dzień dobry", "proszę", "dziękuję", "przepraszam", które są niezbędne podczas codziennych interakcji. Nauczysz się również, jak przedstawiać się i pytać o imię oraz pochodzenie.

Pamiętaj, że zrozumienie tych prostych wyrażeń to pierwszy krok do otwarcia się na nowe kultury i zdobycia niezapomnianych doświadczeń podczas podróży. Niezależnie od tego, czy jesteś w Hiszpanii, Meksyku czy innej hiszpańskojęzycznej destynacji, znajomość tych zwrotów pomoże Ci cieszyć się pełnią podróży.

Zapraszamy do nauki i praktykowania podstawowych zwrotów i pytań! Gotów? *¡Vamos! (Zaczynajmy!)*

Podstawowe formy grzecznościowe i zwroty na przywitanie

W języku hiszpańskim istnieje wiele form grzecznościowych, które są używane w zależności od kontekstu społecznego i stopnia bliskości z rozmówcą. Warto zapoznać się z nimi, aby wyrażać szacunek i uprzejmość w różnych sytuacjach, zarówno w interakcjach z nieznajomymi, jak i z osobami znacznie bliskimi.

Nauka tych podstawowych form grzecznościowych i zwrotów pozwoli Ci nawiązywać pierwsze pozytywne wrażenie i łatwiej porozumieć się w nowym środowisku. Pamiętaj, że kultura grzeczności jest istotnym elementem w hiszpańskojęzycznych krajach, dlatego warto zadbać o właściwe użycie tych zwrotów.

1. Zaimki grzecznościowe

W języku hiszpańskim istnieją dwa główne zaimki grzecznościowe:

– "usted" – stosowany do zwracania się do jednej osoby w sposób formalny. Odpowiada polskiemu "pan" lub "pani".

– "ustedes" – stosowany do zwracania się do grupy osób w sposób formalny. Odpowiada polskiemu "państwo".

Przykłady zdań:

– *¿Cómo está usted? – Jak się pan/pani ma?*

– *¿Qué desean ustedes? – Czego państwo sobie życzą?*

2. Zwroty na przywitanie

W języku hiszpańskim, podobnie jak w innych językach, przywitanie jest ważnym elementem komunikacji społecznej. Wyrażając uprzejme powitanie, nawiązujemy pierwszy kontakt z drugą osobą i okazujemy jej szacunek oraz życzliwość. W hiszpańskich krajach istnieje wiele zwrotów, które są używane w różnych momentach dnia i w zależności od kontekstu społecznego.

Najczęstsze zwroty używane na przywitanie:

– *Hola – Cześć / Witaj* (nieformalne powitanie)

– *Buenos días – Dzień dobry* (powitanie rano)

– *Buenas tardes – Dobry wieczór* (powitanie po południu)

– *Buenas noches – Dobranoc / Dobry wieczór* (powitanie wieczorem lub przed snem)

Dodatkowo do przywitania możesz użyć jednego z poniższych wyrażeń:

– *¿Qué tal? – Jak się masz? / Co u ciebie?*

– *¿Cómo estás? – Jak się masz?*

– *¿Cómo te va? – Jak ci idzie?*

– *¿Cómo andas? – Jak się masz?*

– *¿Qué pasa? – Co słychać? / Co się dzieje?*

– *¿Cómo has estado? – Jak się masz?* (bardziej formalnie)

– ¿Cómo le va? – Jak się pan/pani ma? (grzeczny sposób zwracania się do starszej osoby lub osoby nieznajomej)

3. Przedstawianie się

Korzystanie z odpowiednich form grzecznościowych podczas przedstawiania się w języku hiszpańskim jest ważne, szczególnie w przypadku spotkań biznesowych, oficjalnych sytuacji oraz rozmów z osobami starszymi czy władzami. Odpowiednie zwroty i zaimki używane podczas przedstawiania się pomagają wyrazić szacunek i uprzejmość wobec drugiej osoby.

Oto kilka przykładów, jak możemy się przedstawić w języku hiszpańskim, zachowując formy grzecznościowe:

– Me llamo Ana. ¿Y usted? – Nazywam się Ana. A pan/pani?

Ta forma grzecznościowa, "usted," jest stosowana wobec osób starszych, władz, klientów czy nieznajomych. Jest to wyraz szacunku i uprzejmości.

– Soy el señor López. Mucho gusto. – Jestem pan López. Miło mi.

W tym przypadku używamy formy "el señor" lub "la señora" (pan/pani) przed nazwiskiem, co jest bardziej formalnym sposobem przedstawiania się.

Pamiętajmy, że podczas przedstawiania się w języku hiszpańskim, mamy możliwość wyboru odpowiedniej formy zaimka "tú" (ty) lub "usted" (pan/pani) w zależności od kontekstu i sytuacji. W mniej oficjalnych, przyjacielskich sytuacjach możemy użyć formy "tú," natomiast w bardziej formalnych czy nieznajomych kontaktach, lepiej jest zastosować formę "usted."

Przy okazji przedstawiania się, warto zwrócić uwagę na zwroty grzecznościowe, takie jak:

– *Mucho gusto – Miło mi*

– *Encantado/a" – Miło mi, z przyjemnością*

– *Agradable conocerle – Miło mi pana/panią poznać*

Wprowadzenie tych wyrażeń podczas rozmów pozwala na stworzenie pozytywnego wrażenia i wyrażenie szacunku wobec drugiej osoby.

4. Zwracanie się do innych osób

Stosowanie właściwych zaimków grzecznościowych jest kluczowe podczas rozmów z innymi osobami w języku hiszpańskim. Odpowiednie użycie zaimków pozwala na wyrażenie szacunku, uprzejmości i taktu w kontaktach z innymi.

Oto kilka przykładów, jak możemy użyć zaimków grzecznościowych w różnych sytuacjach:

– *¿Puedo ayudarle en algo, señor? – Czy mogę w czymś panu/pani pomóc?*

– *¿Tienen ustedes alguna pregunta? – Czy mają państwo jakieś pytania?*

– *Perdone, ¿tiene usted un momento? – Przepraszam, czy ma pan/ pani chwilę?*

– *¿Cómo se encuentra, señor Martínez? – Jak się pan czuje, panie*

Martínez?

5. Zakończenie rozmowy

Podczas zakończenia rozmowy, używamy zwrotów grzecznościowych, aby wyrazić podziękowanie lub pożegnać się. Użycie właściwych zwrotów może zrobić pozytywne wrażenie na naszych rozmówcach. Oto kilka prostych zwrotów, które pomogą Ci zakończyć rozmowę w grzeczny sposób:

– *¡Gracias!* – *Dziękuję!*

– *Que tenga un buen día.* – *Miłego dnia.*

– *Adiós.* – *Żegnaj.*

– *Hasta la próxima.* – *Do następnego razu.*

– *Muchas gracias por su ayuda.* – *Bardzo dziękuję za pomoc.*

– *Hasta luego.* – *Do zobaczenia.*

– *Cuídate.* – *Trzymaj się.*

– *Nos vemos mañana.* – *Widzimy się jutro.*

– *¡Buen viaje!* – *Miłej podróży!*

– *Hasta pronto.* – *Do zobaczenia wkrótce.*

Pytania o imię, pochodzenie i cel podróży

Podczas podróży do hiszpańskojęzycznych krajów, często będziesz chciał nawiązać kontakt z miejscowymi mieszkańcami. Pytania dotyczące imienia, pochodzenia i celu podróży są podstawowymi elementami każdej rozmowy. Teraz nauczysz się, jak zadawać te pytania w sposób uprzejmy i jak na nie odpowiedzieć.

1. Pytania o imię

Aby zapytać kogoś o imię, możesz użyć następujących zwrotów:

– *¿Cómo te llamas? – Jak się nazywasz?*

– *¿Cómo se llama usted? – Jak się pan/pani nazywa?*

– *¿Cuál es tu nombre? – Jak masz na imię?*

Odpowiedzi na te pytania:

– *Me llamo María. – Nazywam się Maria.*

– *Soy Carlos. – Jestem Karol.*

– *Mi nombre es Ana. – Mam na imię Ana.*

2. Pytania o pochodzenie

Jeśli chcesz dowiedzieć się, skąd ktoś pochodzi, możesz zadać takie pytanie:

– *¿De dónde eres? – Skąd jesteś?*

– *¿De dónde es usted?* – *Skąd pan/pani jest?*

– *¿De qué país eres?* – *Z jakiego kraju pochodzisz?*

– *¿De dónde vienes?* – *Skąd pochodzisz?*

– *¿Cuál es tu nacionalidad?* – *Jaka jest twoja narodowość?*

– *¿En qué ciudad naciste?* – *W jakim mieście się urodziłeś/ urodziłaś?*

– *¿Dónde creciste?* – *Gdzie dorastałeś/dorastałaś?*

Możliwe odpowiedzi:

– *Soy de Polonia.* – *Jestem z Polski.*

– *Soy de Kraków.* – *Pochodzę z Krakowa.*

– *Vengo de Varsovia.* – *Pochodzę z Warszawy.*

– *Mi nacionalidad es polaca.* – *Moja narodowość to polska.*

– *Nací en Gdańsk.* – *Urodziłem się w Gdańsku.*

– *Crecí en Poznań.* – *Dorastałem/dorastałam w Poznaniu.*

3. Pytania o cel podróży

Podczas rozmowy z innymi podróżnikami lub mieszkańcami, możesz zapytać o cel ich podróży. Oto kilka przykładów pytań:

– *¿Cuál es el propósito de tu viaje?* – *Jaki jest cel twojej podróży?* (nieformalne)

– *¿Cuál es el propósito de su viaje?* – *Jaki jest cel pana/pani* *podróży? (formalne)*

– ¿Para qué estás aquí? – Po co tutaj jesteś?

– ¿A qué has venido? – Po co tu jesteś?

Możliwe odpowiedzi:

– Voy de vacaciones. – Jadę na wakacje.

– Estoy aquí por negocios. – Jestem tutaj w sprawach biznesowych.

– Vengo a conocer la cultura local. – Przyjeżdżam poznać lokalną kulturę.

– Estoy de paso hacia otro destino. – Jestem tu tylko w drodze do innego miejsca.

– Vamos a visitar a nuestros familiares. – Jedziemy odwiedzić naszych krewnych.

Pamiętaj, że podczas zadawania tych pytań ważne jest zachowanie uprzejmości i szacunku. Używaj odpowiednich zaimków grzecznościowych i słów uprzejmości, aby wyrazić swoją uprzejmość w rozmowie. Dzięki tym prostym zwrotom, będziesz mógł łatwo nawiązywać kontakt z innymi osobami podczas podróży i dowiedzieć się o nich więcej.

Wskazówki dotyczące wymowy i akcentu

Poprawna wymowa jest kluczowym elementem efektywnej komunikacji w języku hiszpańskim. Jednak dla osób uczących się tego języka może być wyzwaniem, ponieważ niektóre dźwięki i akcenty mogą różnić się od tych występujących w ich ojczystym języku. Warto zatem zrozumieć podstawowe zasady wymowy w hiszpańskim, aby lepiej poradzić sobie podczas nauki.

1. Zwracaj uwagę na wymowę liter

Wymowa liter jest kluczowym elementem w nauce języka hiszpańskiego. W większości przypadków, litery są wymawiane jednoznacznie, co ułatwia naukę i komunikację. Jednak warto zwrócić uwagę na niektóre specyficzne dźwięki, które mogą sprawiać trudności.

Głoska "r" i podwójna "rr" to dwa dźwięki, które często stanowią wyzwanie dla uczących się hiszpańskiego. Głoska "r" jest wymawiana trochę twardszą i bardziej akcentowaną niż w języku polskim. Podwójna "rr" natomiast to tzw. dźwięk taranowy, który powstaje poprzez wibrację języka na podniebieniu. Aby opanować te dźwięki, warto ćwiczyć wymawianie ich przed lustrem, skupiając się na precyzyjnej artykulacji.

Innymi literami, które mogą sprawiać trudności, są "b" i "v", ponieważ mają podobną wymowę. Oba dźwięki są wymawiane przez usta, ale "b" jest bardziej wybuchowe, podczas gdy "v" jest bardziej miękkie i kontynuowane. Warto więc nauczyć się rozróżniać te dwie litery, aby uniknąć nieporozumień podczas komunikacji.

Ćwiczenia wymowy są kluczowe w nauce języka hiszpańskiego. Możesz korzystać z różnych materiałów, takich jak nagrania, filmy lub audiobooki, aby ćwiczyć poprawne wymawianie wyrazów i zdań. Dzięki regularnej praktyce, Twoja wymowa będzie coraz bardziej płynna i naturalna.

Zapamiętaj, że poprawna wymowa jest istotna dla zrozumienia i efektywnej komunikacji. W miarę postępów w nauce hiszpańskiego, zaangażuj się w rozmowy z rodowitymi użytkownikami języka, aby zyskać pewność siebie i doskonalić swoje umiejętności. Bądź cierpliwy i nie zniechęcaj się trudnościami – z czasem Twoja wymowa będzie coraz lepsza, a nauka języka hiszpańskiego stanie się bardziej satysfakcjonująca.

2. Akcent toniczny

Akcent toniczny odgrywa kluczową rolę w języku hiszpańskim, ponieważ pozwala odróżnić znaczenie słów oraz wpływa na płynność i melodyjność wypowiedzi. W każdym słowie akcentowany jest tylko jeden sylabę, a pozostałe są wymawiane z mniejszym natężeniem głosu. Aby poprawnie akcentować wyrazy i zachować płynność w wypowiedzi, warto zwrócić uwagę na kilka zasad dotyczących akcentu tonicznego.

W języku hiszpańskim istnieją konkretne reguły akcentowania, które można zastosować do większości wyrazów. W większości przypadków akcent toniczny pada na przedostatnią sylabę w wyrazie, jeśli wyraz kończy się na spółgłoskę, "n" lub "s". Natomiast jeśli wyraz kończy się na samogłoskę, "e" lub "o", akcent toniczny pada na ostatnią sylabę.

Przykłady:

– Árbol (drzewo) – akcent pada na pierwszą sylabę "Ár"

– Cárcel (więzienie) – akcent pada na pierwszą sylabę "Cár"

– Estudiante (uczeń/uczennica) – akcent pada na przedostatnią sylabę "Es– tu– dian– te"

W przypadku wyrazów jednosylabowych, akcent toniczny jest zazwyczaj określany przez kontekst zdaniowy. Niektóre z tych słów mogą być akcentowane, aby podkreślić znaczenie zdania.

Przykłady:

– No (nie) – akcentowany, aby wyrazić stanowczy sprzeciw: "¡No lo hagas!" (Nie rób tego!)

– Sí (tak) – akcentowany, aby potwierdzić coś: "Sí, entiendo" (Tak, rozumiem)

Jak w każdym języku, istnieją pewne wyjątki od reguł akcentowania, które należy zapamiętać. Czasem akcent może zmieniać się w zależności od odmiany wyrazu lub formy gramatycznej.

Regularne ćwiczenia słuchania i powtarzania wyrazów z różnym akcentem tonicznym pomogą Ci w opanowaniu poprawnej wymowy i akcentu w języku hiszpańskim. Słuchaj materiałów wideo, podcastów, czytaj głośno i angażuj się w rozmowy z native speakerami, aby zyskać pewność siebie i płynność w komunikacji. Zachęcam do regularnych praktyk, ponieważ opanowanie akcentu tonicznego jest kluczowe dla skutecznej i naturalnej komunikacji w języku hiszpańskim.

3. Słuchaj i powtarzaj

Doskonalenie wymowy w języku hiszpańskim jest kluczowe dla efektywnej komunikacji. Aby poprawić swoją wymowę słuchaj uważnie nagrania z różnych źródeł, skupiając się na akcencie i intonacji. Powtarzaj hiszpańskie słowa i zdania starając się naśladować ich dźwięki i melodyjność. Regularna praktyka przyniesie widoczne rezultaty, uczyni Twoją komunikację bardziej płynną i pewną siebie. Cierpliwość i wytrwałość są kluczowe w doskonaleniu wymowy hiszpańskiej.

4. Ćwicz mówienie na głos

Mówienie na głos to kluczowy element doskonalenia wymowy w języku hiszpańskim. Regularne ćwiczenia pozwolą Ci rozwijać płynność i pewność siebie w komunikacji. Skup się na wymawianiu różnych słów, zdań i dialogów, aby praktykować różne dźwięki i melodyjność języka.

W samotności lub z partnerem językowym, ćwicz wymowę głośno i wyraźnie. Możesz korzystać z materiałów edukacyjnych, audiobooków, filmów lub programów telewizyjnych w języku hiszpańskim. Słuchaj i naśladuj akcent i intonację natywnych mówców, starając się wtopić w naturalny rytm języka.

5. Ucz się fonetyki

Zrozumienie fonetyki hiszpańskiej pozwoli Ci także rozpoznawać różnice w wymowie między słowami, które na pierwszy rzut oka mogą wydawać się podobne. Warto zapoznać się z różnymi nagraniami native speakerów, aby doskonalić swoje umiejętności fonetyczne. Ćwicz także akcentowanie odpowiednich sylab w wyrazach, co jest istotne w hiszpańskim, gdzie akcent toniczny ma duże znaczenie. Pamiętaj, że regularne ćwiczenia i zaangażowanie w naukę fonetyki przyniosą znaczące efekty w poprawie Twojej wymowy i płynności językowej.

6. Korzystaj z dostępnych materiałów

Korzystanie z różnorodnych materiałów edukacyjnych jest kluczowe w doskonaleniu wymowy i akcentu w języku hiszpańskim. Możesz skorzystać z podręczników językowych, które zawierają ćwiczenia wymowy oraz nagrania dźwiękowe, aby zapoznać się z prawidłowym brzmieniem słów. Aplikacje mobilne z funkcją nagrywania pozwolą Ci na śledzenie postępów i samoocenę podczas ćwiczeń mówienia na głos.

Dodatkowo, słuchanie audycji w języku hiszpańskim, takich jak filmy, podcasty czy piosenki, pozwoli Ci na przyzwyczajenie ucha do różnych akcentów i intonacji. Warto również skorzystać z internetowych zasobów edukacyjnych, gdzie znajdziesz nagrania natywnych użytkowników języka hiszpańskiego, które pomogą Ci naśladować autentyczne brzmienie. Nie zapominaj o regularnej praktyce, ponieważ regularne ćwiczenia są kluczem do osiągnięcia płynności i precyzji w wymowie języka hiszpańskiego.

7. Praktykuj z partnerem

Praktykowanie z partnerem jest doskonałą okazją do doskonalenia wymowy i akcentu w języku hiszpańskim. Wspólne ćwiczenia pozwolą Wam na wzajemne wsparcie i korygowanie ewentualnych błędów. Ćwiczenia dialogowe, role– playing oraz wzajemne zadawanie pytań pozwolą na aktywne praktykowanie języka w rzeczywistych sytuacjach komunikacyjnych. Wspólne rozmowy po hiszpańsku umożliwią Ci przyzwyczajenie ucha do autentycznego brzmienia języka i dostosowanie akcentu. Warto także organizować wymiany językowe z rodowitymi użytkownikami języka hiszpańskiego, które dostarczą Ci cennego doświadczenia i wiedzy na temat kultury i zwyczajów hiszpańskojęzycznych krajów. Praktykowanie z partnerem pozwoli Ci na zdobywanie pewności siebie w mówieniu i rozwijanie umiejętności komunikacyjnych w różnych sytuacjach. Pamiętaj, że regularność i zaangażowanie są kluczowe w efektywnym doskonaleniu wymowy i akcentu.

Rozdział 2: W hotelu i na lotnisku

Podczas podróży do hiszpańskojęzycznego kraju, rezerwacja pokoju w hotelu oraz zameldowanie na miejscu są kluczowymi krokami, które zapewnią Ci komfortowy pobyt. Aby ułatwić sobie te czynności, warto zapoznać się z przydatnymi zwrotami i wyrażeniami, które pozwolą Ci sprawnie porozumieć się z personelem hotelowym. Dzięki nim będziesz w stanie łatwo dokonać rezerwacji, zrozumieć informacje na temat dostępności pokoi i usług, a także pomyślnie się zameldować, zaoszczędzając czas i unikając ewentualnych nieporozumień. W tym rozdziale znajdziesz przykłady zdań i wyrażeń, które przydadzą Ci się w tych konkretnych sytuacjach, co pozwoli Ci cieszyć się bezproblemowym pobytem w hiszpańskojęzycznym hotelu. *¡Disfruta de tu estancia! (Ciesz się swoim pobytem!)*

Rezerwacja pokoju i zameldowanie w hotelu

1. Rezerwacja pokoju

– *¿Tiene habitaciones disponibles?* – Czy mają Państwo dostępne pokoje?

– *¿Hay habitaciones para hoy?* – Czy są pokoje na dzisiaj?

– *Quisiera reservar una habitación individual / doble.* – Chciałbym zarezerwować pokój jednoosobowy / dwuosobowy.

– *¿Cuál es el precio por noche?* – Jaka jest cena za noc?

– *¿El desayuno está incluido en el precio?* – Czy śniadanie jest wliczone w cenę?

– *¿A qué hora es el check–in y el check–out?* – O której godzinie jest zameldowanie i wymeldowanie?

– *¿Tienen habitaciones con vista al mar?* – Czy mają Państwo pokoje z widokiem na morze?

– *Queremos una habitación con aire acondicionado.* – Chcielibyśmy pokój z klimatyzacją.

– *¿Cuánto cuesta la habitación por una semana?* – Ile kosztuje pokój na tydzień?

– *¿Aceptan tarjetas de crédito?* – Czy akceptują Państwo karty kredytowe?

– *¿Hay wifi en las habitaciones? – Czy jest wifi w pokojach?*

2. Zameldowanie w hotelu

– *Tengo una reserva a nombre de [tu nombre]. – Mam rezerwację na nazwisko [twoje nazwisko].*

– *Aquí tiene mi pasaporte / documento de identidad. – Oto mój paszport / dowód osobisty.*

– *¿Dónde está mi habitación? – Gdzie jest mój pokój?*

– *¿Cómo puedo llegar al ascensor / escaleras? – Jak dojść do windy / schodów?*

– *¿Dónde está el ascensor? – Gdzie jest winda?*

– *¿A qué hora sirven el desayuno? – O której godzinie serwowane jest śniadanie?*

– *No me gusta este cuarto, ¿puedo ver otro? – Nie podoba mi się ten pokój, czy mogę zobaczyć inny?*

3. Dodatkowe informacje

Podczas podróży do hiszpańskojęzycznego kraju, dokonywanie rezerwacji pokoju w hotelu i zameldowanie na miejscu może wymagać uważności i znajomości odpowiednich zwrotów. Przed przyjazdem warto zapoznać się z różnymi możliwościami zakwaterowania i zarezerwować pokój wcześniej, aby uniknąć problemów z dostępnością miejsc.

W momencie zameldowania warto pamiętać o okazaniu dokumentu tożsamości, który jest często wymagany przez hotele. Ponadto, w niektórych krajach hiszpańskojęzycznych może być stosowana tzw. "tasa de turismo" (opłata turystyczna), którą trzeba uiścić przy zameldowaniu.

Miła i grzeczna komunikacja z personelem hotelowym sprawi, że Twój pobyt będzie przyjemniejszy. Warto nauczyć się podstawowych zwrotów i wyrażeń, które pomogą Ci prosić o informacje czy pomoc, co pozwoli Ci swobodnie korzystać z udogodnień hotelowych i cieszyć się udanym pobytem.

Zapamiętaj, że nauka hiszpańskiego to proces, który wymaga cierpliwości i regularnej praktyki. Warto korzystać z różnych materiałów edukacyjnych, aplikacji i rozmawiać z native speakerami, aby doskonalić swoje umiejętności językowe.

Pytania o dostępność i usługi w hotelu

Podczas pobytu w hotelu, możesz mieć różne potrzeby i pytania dotyczące dostępności różnych usług. Oto kilka przydatnych zwrotów, które pomogą Ci z łatwością dowiedzieć się o oferowane usługi w hotelu:

– *¿Hay acceso a Internet Wi– Fi en las habitaciones?* – Czy są dostępne pokoje z bezprzewodowym dostępem do Internetu?

– *¿Tienen servicio de lavandería?* – Czy świadczą Państwo usługi pralni?

– *¿A qué hora se sirve el desayuno / almuerzo / cena?* – O której godzinie podawane są śniadanie / lunch / kolacja?

– *¿Tienen servicio de habitaciones?* – Czy oferują Państwo obsługę pokoju?

– *¿Cuál es el horario de la piscina / gimnasio / spa?* – Jaki jest harmonogram korzystania z basenu / siłowni / spa?

– *¿Ofrecen servicio de transporte al aeropuerto?* – Czy świadczą Państwo usługi transportu na lotnisko?

– *¿Hay aparcamiento disponible?* – Czy jest dostępny parking?

– *¿Tienen habitaciones para no fumadores?* – Czy mają Państwo pokoje dla niepalących?

– *¿Cuáles son las atracciones turísticas cercanas?* – Jakie są pobliskie atrakcje turystyczne?

– *¿Dónde puedo encontrar información turística? – Gdzie mogę uzyskać informacje turystyczne?*

– *¿Cuál es la contraseña del wifi? – Jakie jest hasło do wifi?*

Nie krępuj się zadawać pytań o wszelkie usługi, których potrzebujesz. Personel hotelowy jest tam po to, aby Ci pomóc i sprawić, że Twój pobyt będzie jak najbardziej komfortowy. Pamiętaj, że uprzejma i grzeczna komunikacja z personelem hotelowym zawsze przynosi pozytywne rezultaty.

Obsługa na lotnisku i wypowiedzi związane z podróżą

Podróżowanie na lotnisko i korzystanie z usług lotniczych może być czasami stresujące, ale z odpowiednią znajomością języka hiszpańskiego możesz łatwiej poradzić sobie z wszelkimi pytaniami i sytuacjami. Oto kilka przydatnych zwrotów i wypowiedzi, które pomogą Ci podczas podróży.

1. Na lotnisku

– *¿Dónde está la sala de embarque?* – *Gdzie jest bramka?*

– *¿Dónde puedo facturar mi equipaje?* – *Gdzie mogę odprawić bagaż?*

– *¿Cuál es el número de vuelo?* – *Jaki jest numer lotu?*

– *¿A qué hora sale / llega mi vuelo?* – *O której godzinie odlatuje / przylatuje mój lot?*

– *¿Hay retraso en el vuelo?* – *Czy jest opóźnienie w locie?*

– *¿Dónde está la puerta de salida?* – *Gdzie jest wyjście?*

– *¿Cuál es la puerta de salida para el vuelo a Madrid?* – *Jaka jest bramka odlotu dla lotu do Madrytu?*

2. Podczas kontroli bezpieczeństwa

– *¿Necesito mostrar mi pasaporte?* – *Czy muszę pokazywać paszport?*

– *¿Dónde puedo poner mis pertenencias? – Gdzie mogę zostawić swoje rzeczy?*

– *¿Necesito quitarme los zapatos? – Czy muszę zdjąć buty?*

– *¿Puedo llevar esta botella de agua? – Czy mogę zabrać tę butelkę wody?*

– *¿Tengo que sacar mi computadora de la mochila? – Czy muszę wyjmować komputer z plecaka?*

– *¿Cuánto tiempo llevará el proceso de seguridad? – Ile czasu potrwa proces kontroli bezpieczeństwa?*

– *¿Dónde puedo recoger mis pertenencias después del control de seguridad? – Gdzie mogę odebrać swoje rzeczy po kontroli bezpieczeństwa?*

3. Na pokładzie samolotu

– *¿Puedo tener una manta / almohada? – Czy mogę prosić o koc / poduszkę?*

– *¿Hay opciones vegetarianas en el menú? – Czy w menu są dostępne opcje wegetariańskie?*

– *¿Cuándo servirán la comida? – Kiedy będą podawane posiłki?*

– *¿Cuánto durará el vuelo? – Ile potrwa lot?*

– *¿A qué hora llegaremos a nuestro destino? – O której godzinie dotrzemy do celu?*

– *¿Dónde están los baños? – Gdzie są toalety?*

– *¿Puedo tener otra bebida? – Czy mogę poprosić o kolejny napój?*

4. Po przybyciu na miejsce

– *¿Dónde puedo recoger mi equipaje? – Gdzie mogę odebrać swój bagaż?*

– *¿Hay transporte público desde el aeropuerto? – Czy jest transport publiczny z lotniska?*

– *¿Dónde puedo encontrar un taxi? – Gdzie mogę znaleźć taksówkę?*

– *¿A qué hora cierra la oficina de alquiler de coches? – O której godzinie zamyka się wypożyczalnia samochodów?*

– *¿Cuánto tiempo lleva llegar al centro de la ciudad desde aquí? – Jak długo jedzie się stąd do centrum miasta?*

– *¿Puedo dejar mi equipaje en una consigna? – Czy mogę zostawić bagaż w szafce?*

– *¿Dónde está la oficina de información turística? – Gdzie jest biuro informacji turystycznej?*

– *¿Cómo llego a la estación de tren desde aquí? – Jak dostać się stąd na dworzec kolejowy?*

Pamiętaj, że nie ma nic złego w zadawaniu pytań i proszeniu o pomoc. Personel lotniska jest tam po to, aby Ci pomóc i upewnić się, że Twoja podróż jest jak najbardziej komfortowa. Praktykowanie tych wypowiedzi pomoże Ci poczuć się bardziej pewnie i swobodnie podczas podróży hiszpańskojęzycznymi krajami.

Rozdział 3: Komunikacja i transport

W tym rozdziale skupimy się na kluczowych umiejętnościach, które pomogą Ci swobodnie podróżować po hiszpańskojęzycznym kraju. Nauczysz się znajdować odpowiednie środki transportu, kupować bilety oraz zadawać pytania dotyczące rozkładu jazdy. Dowiesz się także, jak porozumieć się z kierowcami taksówek, konduktorami autobusów i pociągów oraz zdobędziesz praktyczne wskazówki dotyczące podróży środkami transportu publicznego. Zapraszam do odkrywania fascynującego świata komunikacji i transportu w hiszpańskojęzycznym kraju. *¡Buena suerte en tu viaje! (Powodzenia w podróży!)*

Znajdywanie właściwych środków transportu

Podczas podróży w hiszpańskojęzycznym kraju, ważne jest, aby potrafić zapytać o różne środki transportu, takie jak autobusy, taksówki, czy pociągi, oraz jak prosić o informacje dotyczące ich rozkładu jazdy i tras. Poznanie odpowiednich zwrotów pozwoli Ci na bezproblemową i przyjemną podróż po hiszpańskojęzycznym kraju.

1. Pytania o autobusy

– *¿Dónde puedo tomar el autobús a [miejsce docelowe]? – Gdzie mogę wsiąść do autobusu do [miejsce docelowe]?*

– *¿Cuándo sale el próximo autobús? – Kiedy odjeżdża następny autobus?*

– *¿El autobús llega al centro de la ciudad? – Czy autobus dociera do centrum miasta?*

– *¿Cuántas paradas hay hasta [miejsce docelowe]? – Ile jest przystanków do [miejsce docelowe]?*

– *¿Cuál es la siguiente parada? – Jaki jest następny przystanek?*

– *¿Me puede indicar dónde bajar para ir al museo? – Czy może mi Pan/Pani wskazać, gdzie wysiąść, aby dojść do muzeum?*

– *¿Tengo que hacer alguna escala o cambio de autobús? – Czy muszę zrobić przesiadkę lub zmienić autobus?*

– *¿Cuánto tiempo tengo para hacer la conexión? – Ile mam czasu* *na przesiadkę?*

– ¿Este autobús va a [miejsce docelowe]? – Czy ten autobus jedzie do [miejsce docelowe]?

2. Pytania o pociągi

– ¿Dónde está la estación de tren? – Gdzie jest stacja kolejowa?

– ¿A qué hora sale el próximo tren a [miejsce docelowe]? – O której godzinie odjeżdża następny pociąg do [miejsce docelowe]?

– ¿Dónde puedo encontrar el horario de los trenes? – Gdzie mogę znaleźć rozkład jazdy pociągów?

– ¿Cuánto tiempo lleva llegar a [miejsce docelowe] en tren? – Ile czasu zajmuje podróż do [miejsce docelowe] pociągiem?

– ¿Puedo abrir la ventana? – Czy mogę otworzyć okno?

– Perdón, ¿esta es la vía para el tren a [miejsce docelowe]? – Przepraszam, czy to jest peron dla pociągu do [miejsce docelowe]?

– ¿Se permite fumar en el tren? – Czy można palić w pociągu?

– ¿Hay wifi en el tren? – Czy jest dostępne Wi– Fi w pociągu?

3. Pytania o metro

– ¿Dónde está la estación de metro más cercana? – Gdzie jest najbliższa stacja metra?

– ¿Cuál es la línea que va a [miejsce docelowe]? – Która linia prowadzi do [miejsce docelowe]?

– ¿El metro llega al aeropuerto? – Czy metro dociera do lotniska?

– ¿Hay conexión de metro directa a [miejsce docelowe]? – Czy jest bezpośrednie połączenie metrem do [miejsce docelowe]?

– ¿El metro funciona las 24 horas? – Czy metro kursuje całą dobę?

– ¿Podrías indicarme cuál es la salida más cercana a [miejsce docelowe]? – Czy możesz mi wskazać najbliższe wyjście do [miejsce docelowe]?

– ¿Cuántas veces al día pasa el metro? – Ile razy dziennie kursuje metro?

– ¿Cuál es el último metro de regreso? – Jakie jest ostatnie metro powrotne?

4. Pytania o taksówki

– ¿Dónde puedo encontrar un taxi? – Gdzie mogę znaleźć taksówkę?

– ¿Cuánto cuesta un viaje en taxi a [miejsce docelowe]? – Ile kosztuje przejazd taksówką do [miejsce docelowe]?

– ¿Puede llevarme a [miejsce docelowe]? – Czy może mnie Pan/Pani zawieźć do [miejsce docelowe]?

– Necesito ir a [miejsce docelowe]. – Potrzebuję jechać do [miejsce docelowe].

– ¿Conoce la ruta más rápida? – Czy zna Pan/Pani najkrótszą trasę?

– Perdone, tengo prisa. ¿Puede ir más rápido? – Przepraszam, *spieszy mi się. Czy możemy jechać szybciej?*

Pamiętaj, że zawsze warto skonsultować się z lokalnymi mieszkańcami lub pracownikami na dworcach i przystankach, którzy z chęcią pomogą Ci znaleźć właściwy środek transportu i odpowiedzieć na Twoje pytania. Warto także zdobyć informacje o rozkładach jazdy i dostępnych trasach, aby podróżować sprawnie i wygodnie podczas swojej przygody za granicą.

Zakup biletów

Podczas podróży w hiszpańskojęzycznym kraju, ważne jest wiedzieć, jak zakupić bilety na środki transportu. Oto kilka przydatnych zwrotów i wypowiedzi, które pomogą Ci w tych sytuacjach:

– *Quisiera un billete de ida y vuelta a [miejsce docelowe].* – Chciałbym bilet tam i z powrotem do [miejsce docelowe].

– *Un billete de ida a [miejsce docelowe], por favor.* – Jeden bilet w jedną stronę do [miejsce docelowe], proszę.

– *¿Cuánto cuesta un billete a [miejsce docelowe]?* – Ile kosztuje bilet do [miejsce docelowe]?

– *¿Hay descuentos para estudiantes/personas mayores/niños?* – Czy są zniżki dla studentów/seniorów/dzieci?

– *¿Este billete incluye todos los tramos del viaje?* – Czy ten bilet obejmuje wszystkie odcinki podróży?

– *¿Hay algún descuento si compro el billete con antelación?* – Czy jest jakaś zniżka, jeśli kupię bilet z wyprzedzeniem?

– *¿Dónde está la taquilla para comprar los billetes?* – Gdzie jest kasa biletowa?

– *¿Puedo comprar los billetes en línea?* – Czy mogę kupić bilety online?

– *¿Aceptan tarjetas de crédito en la taquilla?* – Czy w kasie akceptują karty kredytowe?

– *¿Los billetes son válidos por un día/una semana/una hora? – Czy bilety są ważne na jeden dzień/tydzień/godzinę?*

– *¿Puedo reservar los billetes por teléfono? – Czy mogę zarezerwować bilety telefonicznie?*

Pamiętaj, że podczas zakupu biletów warto zawsze potwierdzić swoją trasę i upewnić się, że masz odpowiedni bilet na odpowiedni środek transportu. Zapytaj też o ewentualne zniżki, które mogą być dostępne dla różnych grup pasażerów.

Rozdział 4: W restauracji i kawiarni

Podczas podróżowania do hiszpańskojęzycznego kraju, jednym z najprzyjemniejszych doświadczeń jest degustacja lokalnej kuchni. Restauracje i kawiarnie stanowią integralną część kultury hiszpańskiej, gdzie można skosztować wyjątkowych dań i delektować się aromatyczną kawą. W tym rozdziale zapoznamy się z przydatnymi zwrotami i wypowiedziami, które pomogą Ci skutecznie zamawiać posiłki, zadawać pytania o menu, a także prosić o rachunek i obsługę. Dodatkowo dowiemy się, jak dowiedzieć się o lokalnych specjałach i korzystać z cennych zaleceń kelnera, aby nasze kulinarne doświadczenie było wyjątkowe. *¡Buen provecho! (Smacznego!)*

Składanie zamówienia i pytanie o menu

Gdy jesteś w hiszpańskojęzycznym kraju i chcesz zjeść w restauracji, ważne jest, abyś znał podstawowe zwroty związane ze składaniem zamówienia i pytaniami dotyczącymi menu. Oto kilka przydatnych wyrażeń, które pomogą Ci w restauracyjnych przygodach:

– *¿Tiene menú del día? – Czy mają Państwo dania dnia?*

– *¿Cuál es la especialidad de la casa? – Jaka jest specjalność restauracji?*

– *¿Qué platos vegetarianos tienen? – Jakie dania wegetariańskie mają Państwo?*

– *Para mí, [nazwa dania]. – Dla mnie [nazwa dania].*

– *Quisiera [nazwa dania], por favor. – Chciałbym [nazwa dania], proszę.*

– *De primer plato, tomaré la sopa. Y de segundo plato, el pescado. – Na pierwsze danie wezmę zupę. A na drugie danie, rybę.*

– *¿Me puede traer la carta de vinos, por favor? – Czy może mi Pan/ Pani przynieść kartę win?*

– *Sin cebolla, por favor. – Bez cebuli, proszę.*

– *Con papas fritas en lugar de ensalada. – Z frytkami zamiast sałatki.*

– *¿Puede poner la salsa aparte?* – Czy może Pan/ Pani podać sos osobno?

– *Eso es todo, gracias.* – To wszystko, dziękuję.

– *Nada más, gracias.* – Nic więcej, dziękuję.

Prośby o rachunek i obsługę

Gdy zakończysz posiłek w restauracji, nadszedł czas poprosić o rachunek i zakończyć swoją wizytę. Oto kilka przydatnych zwrotów związanych z prośbami o rachunek oraz wyrażeniami związanymi z obsługą:

– *La cuenta, por favor.* – Rachunek, proszę.

– *¿Nos trae la cuenta, por favor?* – Czy może nam Pan/ Pani przynieść rachunek?

– *Queremos pagar, por favor.* – Chcielibyśmy zapłacić, proszę.

– *¿Aceptan tarjetas de crédito?* – Czy akceptują Państwo karty kredytowe?

– *¿Se puede pagar en efectivo?* – Czy można zapłacić gotówką?

– *¿Tienen terminal para pagos con tarjeta?* – Czy mają Państwo terminal do płatności kartą?

– *Gracias por el servicio.* – Dziękuję za obsługę.

– *El servicio fue excelente.* – Obsługa była doskonała.

– *¿Nos puede traer una botella de agua, por favor?* – Czy może nam Pan/ Pani przynieść butelkę wody?

– *Creo que hay un error en el rachunek.* – Myślę, że jest błąd w rachunku.

– *Disculpe, no pedimos esto.* – Przepraszam, tego nie zamawialiśmy.

– Falta un plato en el rachunek. – Brakuje dania w rachunku.

– ¡Gracias y hasta luego! – Dziękuję i do zobaczenia!

– ¡Ha sido una comida deliciosa! – To była pyszna potrawa!

– ¡Esperamos volver pronto! – Mamy nadzieję, że wrócimy niedługo!

Rozdział 5: Zwiedzanie miasta

Podczas podróżowania do hiszpańskojęzycznego kraju, zwiedzanie miasta stanowi niezwykłą okazję do poznania bogatej historii, kultury i atrakcji, które oferuje. W tym rozdziale skupimy się na odkrywaniu fascynujących miejsc, zadając odpowiednie pytania o najważniejsze atrakcje turystyczne, aby jak najlepiej wykorzystać naszą podróż. Ponadto, dowiemy się, jak korzystać z mapy i nawigacji, aby łatwo poruszać się po mieście, unikając zagubienia. Nie zapomnimy również o praktycznych aspektach, takich jak znalezienie toalety czy innych udogodnień publicznych, co zapewni nam komfort podczas zwiedzania. Wyruszmy więc w tę podróż po najpiękniejszych zakątkach miast hiszpańskojęzycznych i cieszmy się niezapomnianymi wrażeniami! *¡Vamonos! (Zaczynamy!)*

Pytania o najważniejsze miejsca do zwiedzania

Podczas podróży nie tylko smaki są ważne, ale również odkrywanie kultury i piękna danego miejsca. Oto kilka przydatnych pytań, które pomogą Ci dowiedzieć się o najważniejsze atrakcje do zwiedzania:

1. Pytania ogólne o atrakcje turystyczne

– *¿Cuáles son los lugares más visitados de la ciudad?* – *Jakie są najczęściej odwiedzane miejsca w mieście?*

– *¿Qué sitios turísticos recomienda visitar aquí?* – *Jakie miejsca turystyczne Pan/Pani poleca odwiedzić tutaj?*

– *¿Dónde están los principales puntos de interés?* – *Gdzie znajdują się główne miejsca warte zobaczenia?*

2. Pytania o zabytki i muzea

– *¿Hay algún castillo o monumento histórico que no deba perderme?* – *Czy jest jakaś zamek lub zabytek historyczny, który koniecznie muszę zobaczyć?*

– *¿Cuál es el museo más interesante de la ciudad?* – *Jakie jest najbardziej interesujące muzeum w mieście?*

– *¿Cuáles son los sitios históricos más importantes de la región?* – *Jakie są najważniejsze historyczne miejsca w regionie?*

3. Pytania o przyrodę i krajobrazy

– ¿Dónde puedo disfrutar de las vistas panorámicas más impresionantes? – Gdzie mogę podziwiać najbardziej imponujące widoki panoramy?

– ¿Cuáles son los parques naturales más bonitos de la zona? – Jakie są najpiękniejsze parki przyrody w okolicy?

– ¿Hay alguna playa o montaña cercana que valga la pena visitar? – Czy w pobliżu znajduje się jakaś plaża lub góra, która warto odwiedzić?

4. Pytania o wydarzenia kulturalne i festiwale

– ¿Hay algún evento especial o festival que se celebre durante mi estancia? – Czy jest jakaś specjalna impreza lub festiwal odbywający się podczas mojego pobytu?

– ¿Cuándo y dónde puedo disfrutar de espectáculos folklóricos o conciertos locales? – Kiedy i gdzie mogę podziwiać występy folklorystyczne lub lokalne koncerty?

5. Pytania o miejsca na relaks i rozrywkę

– ¿Cuáles son los mejores lugares para salir por la noche? – Gdzie są najlepsze miejsca na wieczorny wypad?

– ¿Dónde puedo encontrar los restaurantes más auténticos con comida local? – Gdzie znajdę najbardziej autentyczne restauracje serwujące lokalne jedzenie?

– ¿Hay algún centro comercial o mercado donde pueda comprar recuerdos y souvenirs? – Czy jest jakieś centrum handlowe lub targ,

Pamiętaj, że kiedy zadajesz pytania o miejsca do zwiedzania, możesz otrzymać wiele cennych wskazówek od miejscowych, którzy znają najlepsze ukryte skarby swojego regionu. Baw się dobrze podczas odkrywania nowych miejsc i kultur!

Wskazówki dotyczące korzystania z mapy i nawigacji

Podróżowanie w obcym kraju może być bardzo ekscytujące, ale również wyzwaniem, jeśli nie znamy dobrze okolicy. Oto kilka przydatnych wskazówek, które pomogą Ci korzystać z mapy i nawigacji podczas podróży:

1. Wybierz odpowiednią mapę

Upewnij się, że używasz aktualnej mapy danego regionu lub miasta. Możesz skorzystać z tradycyjnej papierowej mapy lub z aplikacji na smartfonie, które oferują nawigację GPS.

2. Sprawdź swoje położenie

Zawsze warto sprawdzić, gdzie się znajdujesz na mapie, aby zorientować się w otoczeniu. Możesz porównać widoki na mapie z tym, co widzisz w rzeczywistości, aby upewnić się, że idziesz w dobrą stronę.

3. Zaznacz ważne punkty orientacyjne

Znajdź na mapie punkty orientacyjne, takie jak charakterystyczne budynki, place czy główne ulice, które pomogą Ci łatwiej poruszać się po okolicy.

4. Korzystaj z nawigacji GPS

Jeśli korzystasz z aplikacji na smartfonie lub nawigacji GPS, upewnij się, że masz włączoną funkcję lokalizacji. To pomoże Ci dokładnie określić swoje położenie i śledzić trasę.

5. Używaj wskazówek krok po kroku

W przypadku korzystania z nawigacji GPS, warto wybrać opcję wskazówek krok po kroku, która będzie Cię prowadzić od punktu A do punktu B, podając dokładne kierunki. W niektórych obszarach sygnał GPS może być słaby, zwłaszcza w górskich rejonach czy w dużych budynkach. W takich przypadkach warto mieć także tradycyjną mapę jako zapasowy plan.

6. Pytaj o pomoc

Jeśli masz wątpliwości lub zgubisz się, nie krępuj się pytać miejscowych o drogę. Często ludzie są chętni do pomocy i mogą wskazać Ci najlepszą trasę.

7. Przygotuj się wcześniej

Zanim wyjedziesz, sprawdź trasę i główne miejsca, które chcesz odwiedzić. Poznaj nazwy ulic i miejsc, aby łatwiej poruszać się po okolicy.

Znalezienie toalety i innych udogodnień publicznych

Podczas podróżowania, niezależnie od tego, czy jesteś w dużym mieście czy w mniejszej miejscowości, ważne jest, aby wiedzieć, gdzie można znaleźć toalety i inne udogodnienia publiczne. W większych miastach i miejscach turystycznych można łatwo znaleźć publiczne toalety na dworcach, w centrach handlowych i parkach. Jeśli nie ma dostępnych toalet publicznych, możesz skorzystać z udogodnień w kawiarniach, restauracjach lub stacjach benzynowych. Pamiętaj o zadbaniu o własne zapasy papieru toaletowego na wypadek braku dostępnego papieru w publicznych toaletach. Unikaj załatwiania potrzeb w miejscach publicznych, zgodnie z lokalnymi zwyczajami i zasadami. Oto kilka zdań, które pomogą Ci w tej kwestii:

– *¿Dónde está el baño más cercano?* – *Gdzie jest najbliższa toaleta?*

– *¿Hay baños públicos aquí?* – *Czy są tu publiczne toalety?*

– *Disculpe, necesito ir al baño.* – *Przepraszam, potrzebuję skorzystać z toalety.*

– *¿Dónde puedo encontrar un baño limpio?* – *Gdzie mogę znaleźć czystą toaletę?*

– *¿Hay algún baño disponible para los clientes?* – *Czy są toalety dostępne dla klientów?*

– *¿Puede indicarme dónde están los servicios?* – *Czy może mi Pan/ Pani wskazać, gdzie są toalety?*

– ¿Hay baños aquí cerca? – Czy są tu blisko jakieś toalety?

– Perdón, ¿dónde se encuentra el baño para discapacitados? – Przepraszam, gdzie jest toaleta dla niepełnosprawnych?

– ¿Dónde puedo lavarme las manos? – Gdzie mogę umyć ręce?

– ¿Hay algún lugar para cambiar pañales? – Czy jest tu jakieś miejsce do przewijania dzieci?

– ¿Cuánto cuesta usar el baño aquí? – Ile kosztuje skorzystanie z toalety tutaj?

– ¿Tienen papel higiénico en el baño? – Czy jest papier toaletowy w toalecie?

Rozdział 6: Zakupy i targowanie

Podczas podróżowania do hiszpańskojęzycznego kraju, zakupy i targowanie są nie tylko ważnym elementem kultury, ale także doskonałą okazją do odkrywania lokalnych produktów i tradycji. W rozdziale tym zapoznamy się z przydatnymi zwrotami i wskazówkami dotyczącymi pytań o ceny i dostępność produktów, umiejętności targowania oraz informacji o godzinach otwarcia sklepów i bazaru. Dzięki tym umiejętnościom, Twoje zakupy staną się nie tylko bardziej przyjemne, ale także pozwolą Ci lepiej zrozumieć miejscową kulturę handlu i komunikacji. Rozpocznijmy naszą podróż po zakupowym świecie hiszpańskiego kraju! *¡Buenas compras! (Udanych zakupów!)*

Pytania o ceny i dostępność produktów

Podczas podróżowania do hiszpańskojęzycznego kraju, możesz chcieć dowiedzieć się o ceny i dostępność różnych produktów. Oto kilka przydatnych zwrotów, które pomogą Ci zapytać o te informacje:

– *¿Cuánto cuesta esto?* – *Ile to kosztuje?*

– *¿Tienen esto en otros colores/tallas?* – *Czy mają to w innych kolorach/rozmiarach?*

– *¿Tienen descuentos especiales?* – *Czy mają specjalne zniżki?*

– *¿Cuánto tiempo se tarda en preparar esto?* – *Ile czasu zajmuje przygotowanie tego?*

– *¿Tienen este producto en stock?* – *Czy mają ten produkt na stanie?*

– *¿Hay alguna oferta especial?* – *Czy jest jakaś specjalna oferta?*

– *¿Aceptan tarjetas de crédito?* – *Czy akceptują karty kredytowe?*

– *¿Cuál es el precio final?* – *Jaka jest ostateczna cena?*

– *¿Puedo obtener un descuento si compro más de uno?* – *Czy mogę otrzymać zniżkę, jeśli kupię więcej niż jeden?*

– *¿Cuál es el precio más bajo que pueden ofrecer?* – *Jaka jest najniższa cena, którą mogą zaproponować?*

Warto zauważyć, że negocjacje cen w sklepach nie są tak powszechne jak w niektórych innych krajach. W większości sklepów i punktów usługowych ceny są ustalone, ale w niektórych miejscach można próbować poprosić o lepszą ofertę, szczególnie jeśli planujesz większe zakupy.

Kiedy pytamy o ceny i dostępność produktów, ważne jest, aby mówić wyraźnie i korzystać z uprzejmego tonu. W ten sposób pokażemy szacunek do miejscowej kultury i będziemy mieć większą szansę na uzyskanie dokładnych informacji.

Pamiętaj, że poznawanie lokalnych produktów i cenników może być fascynującym doświadczeniem podczas podróży. Z użyciem tych zwrotów będziesz mógł swobodnie rozmawiać z lokalnymi sprzedawcami i odkrywać różnorodność oferty, jaką oferuje miejsce, które odwiedzasz.

Targowanie i negocjacje cen

Targowanie i negocjacje cen są często obecne na miejscowych targach, bazarach oraz w niektórych sklepach w krajach hiszpańskojęzycznych. Jest to ważna część kultury zakupowej, która może przynieść wiele satysfakcji podróżującym. Oto kilka wskazówek, które pomogą Ci skutecznie targować się o cenę:

1. Zaczynaj od propozycji

Zaproponuj cenę, która jest niższa od tej, którą jesteś gotów zapłacić. Pamiętaj, że wartość początkowa powinna być rozsądna, ale i pozostawiać miejsce na ewentualne ustępstwa.

2. Bądź uprzejmy

Słowa mogą zaostrzyć się podczas negocjacji, ale pamiętaj o zachowaniu uprzejmości i szacunku. To ważne w kulturze hiszpańskojęzycznych krajów.

3. Poznaj kilka przydatnych zwrotów

– *¿Cuál es tu mejor precio?* – *Jaka jest twoja najlepsza cena?*

– *¿Me puedes hacer un descuento?* – *Czy możesz mi zrobić rabat?*

– *Es demasiado caro.* – *To jest za drogie.*

– *¿Cuál es tu último precio?* – *Jaka jest twoja ostatnia cena?*

4. Bądź elastyczny

Staraj się negocjować w sposób elastyczny i otwarty na kompromisy. To pomoże Ci znaleźć wspólnie korzystne rozwiązanie.

5. Znajdź punkt wspólny

Skup się na znalezieniu punktu, w którym obie strony będą zadowolone z ostatecznej ceny.

6. Nie bój się odejść

Jeśli nie możesz dojść do porozumienia w sprawie ceny, nie bój się podziękować i odejść. W niektórych przypadkach to może spowodować, że sprzedawca zmieni zdanie i zgodzi się na niższą cenę.

7. Baw się w grę

Pamiętaj, że targowanie to rodzaj gry i zabawy, więc ciesz się nią i miej otwarty umysł.

Warto również pamiętać, że nie wszystkie miejsca i sytuacje wymagają targowania się o cenę. W niektórych sklepach czy na targach ceny są ustalone i negocjacje nie są wskazane. Zawsze warto obserwować zachowanie lokalnych mieszkańców i dostosować swoje podejście do danej sytuacji.

Targowanie i negocjacje cen mogą być ekscytującym i satysfakcjonującym doświadczeniem podczas podróży. Daje to również możliwość bliższego poznania miejscowej kultury i tradycji. Pamiętaj, że nabywanie produktów na lokalnych targach to nie tylko sposób na zdobycie unikalnych pamiątek, ale także okazja do interakcji z lokalnymi mieszkańcami i odkrywania autentycznego piękna danego miejsca.

Pytania o godziny otwarcia sklepów i bazaru

Kiedy podróżujesz do hiszpańskojęzycznych krajów, ważne jest, abyś znał godziny otwarcia sklepów, bazarów i innych miejsc handlowych. Harmonogram może różnić się w zależności od regionu i rodzaju sklepu, dlatego warto zadać właściwe pytania, aby zaplanować zakupy i zwiedzanie. Oto kilka przydatnych zwrotów i pytań dotyczących godzin otwarcia:

– *¿A qué hora abren?* – O której godzinie otwieracie?

– *¿A qué hora cierran?* – O której godzinie zamykacie?

– *¿A qué hora abre el mercado?* – O której godzinie otwiera się bazar?

– *¿A qué hora cierra la tienda de souvenirs?* – O której godzinie zamyka się sklep z pamiątkami?

– *¿Cuál es el horario de apertura?* – Jaki jest harmonogram otwarcia?

– *¿Cuál es el horario de cierre?* – Jaki jest harmonogram zamknięcia?

– *¿Está abierto los domingos?* – Czy jest otwarte w niedziele?

Pamiętaj, że godziny otwarcia mogą się różnić w zależności od dnia tygodnia i okoliczności, na przykład podczas świąt lub festiwali. Dlatego zawsze warto zweryfikować informacje i upewnić się, że miejsce, które chcesz odwiedzić, będzie otwarte w danym czasie.

Warto również zwrócić uwagę na tradycję hiszpańskiej siesty, zwłaszcza w niektórych regionach. Często w południe wiele sklepów, restauracji i innych miejsc handlowych zamyka na kilka godzin, aby umożliwić pracownikom i klientom odpoczynek i relaks. To dobra okazja, aby samemu zrobić sobie przerwę, skorzystać z okazji i odpocząć, lub wybrać się na siestę na lokalny targ lub bazar, który jest znany ze swoich wyjątkowych produktów i atmosfery.

Dodatkowo, jeśli potrzebujesz pomocy w zrozumieniu odpowiedzi na pytania dotyczące godzin otwarcia, warto nauczyć się podstawowych liczb po hiszpańsku oraz dni tygodnia. To ułatwi porozumienie i zaplanowanie harmonogramu podczas podróży.

Pamiętaj, że elastyczność i gotowość do dostosowania planów są kluczowe podczas podróży. Czasami sklepy lub bazary mogą mieć zmienne godziny otwarcia, ale ta elastyczność może prowadzić do niezapomnianych odkryć i przygód w czasie podróży. Baw się dobrze i ciesz się swoją przygodą po hiszpańskojęzycznych krajach!

Rozdział 7: Nagłe sytuacje i pomoc

Podczas podróżowania, niezależnie od tego, jak bardzo jesteśmy starannie przygotowani, mogą zdarzyć się nagłe sytuacje, które wymagają naszej uwagi i reakcji. W tym rozdziale skupimy się na tematach związanych z bezpieczeństwem i zdrowiem na podróży. Dowiesz się, jak radzić sobie w przypadku zgubienia bagażu, jak wzywać pomoc w nagłych wypadkach oraz jak dbać o swoje zdrowie w obcym kraju. Poznaj przydatne zwroty i wskazówki, które pomogą Ci zachować spokój i pewność siebie w przypadku niespodziewanych sytuacji. *¡Prioriza tu seguridad y bienestar! (Zadbaj o swoje bezpieczeństwo i dobre samopoczucie!)*

Zgłaszanie zagubionego bagażu

Podczas podróży, niestety, czasem zdarzają się sytuacje, takie jak zagubienie bagażu. Ważne jest, aby wiedzieć, jakie kroki podjąć w takich sytuacjach i jak skutecznie zgłosić problem. Oto kilka przydatnych zwrotów i wskazówek dotyczących zgłaszania zagubionego bagażu i wypadków:

– *¿Dónde puedo reportar un equipaje perdido?* – *Gdzie mogę zgłosić zagubiony bagaż?*

– *He perdido mi maleta.* – *Zagubiłem moją walizkę.*

– *¿Cuál es el procedimiento para reportar un equipaje perdido?* – *Jaka jest procedura zgłaszania zagubionego bagażu?*

– *Necesito completar un formulario de reclamación.* – *Muszę wypełnić formularz reklamacyjny.*

– *¿Pueden ayudarme a localizar mi equipaje?* – *Czy możecie mi pomóc odnaleźć mój bagaż?*

– *¿Cuánto tiempo suele tomar encontrar el equipaje perdido?* – *Ile czasu zazwyczaj zajmuje znalezienie zagubionego bagażu?*

W przypadku zagubienia bagażu pamiętaj, aby jak najszybciej skontaktować się z odpowiednimi służbami i władzami, takimi jak personel lotniska. Daj znać o zaistniałej sytuacji i podziel się jak najwięcej informacji, które pomogą w rozwiązaniu problemu.

Ważne jest również, aby w takich sytuacjach zachować spokój i dostarczyć wszystkie niezbędne informacje, aby zgłoszenie mogło być przetworzone jak najsprawniej. Należy również postępować zgodnie z zaleceniami i instrukcjami od odpowiednich służb i personelu.

Mając na uwadze te wskazówki, będziesz lepiej przygotowany na ewentualne sytuacje podczas podróży i będziesz w stanie skutecznie poradzić sobie z ewentualnymi problemami. Pamiętaj, że w podróży ważne jest bezpieczeństwo i odpowiednie działanie w każdej sytuacji.

Wzywanie pomocy i kontakt z lokalnymi służbami ratunkowymi

Podczas podróży, niezależnie od tego, czy jesteś w mieście czy na wsi, istnieje zawsze ryzyko zaistnienia sytuacji, które wymagają pomocy lub wsparcia lokalnych służb ratunkowych. W przypadku nagłego wypadku lub awarii, ważne jest, aby wiedzieć, jak wezwać odpowiednią pomoc. Oto kilka przydatnych zwrotów i wskazówek dotyczących wzywania pomocy i kontaktowania się z lokalnymi służbami ratunkowymi:

Wzywanie pogotowia ratunkowego

– *Ha ocurrido un accidente.* – *Wystąpił wypadek.*

– *¿Necesito llamar a una ambulancia?* – *Czy muszę wezwać karetkę?*

– *¡Ayuda! ¡Llamen a un médico!* – *Pomoc! Wezwijcie lekarza!*

– *Ha habido un choque en la carretera.* – *Doszło do wypadku na drodze.*

– *¿Dónde está la estación de policía más cercana?* – *Gdzie jest najbliższa stacja policji?*

– *¿Hay un hospital cercano?* – *Czy jest tu w pobliżu szpital?*

– *¡Necesito una ambulancia!* – *Potrzebuję karetki!*

– *¡Llame al número de emergencia!* – *Zadzwońcie na numer alarmowy!*

– *Alguien está herido.* – *Ktoś jest ranny.*

– *¿Dónde puedo encontrar un teléfono para llamar al 112 (lub odpowiedni numer alarmowy w danym kraju)?* – *Gdzie mogę znaleźć telefon, żeby zadzwonić pod numer 112 (lub odpowiedni numer alarmowy w danym kraju)?*

Kontakt z policją

– *¿Dónde está la comisaría de policía más cercana?* – *Gdzie znajduje się najbliższa komisariat policji?*

– *¡Necesito reportar un robo!* – *Muszę zgłosić kradzież!*

– *Ha ocurrido un incidente y necesito ayuda de la policía.* – *Wystąpił incydent i potrzebuję pomocy policji.*

– *¿Puede ayudarme a contactar a la policía?* *Czy może mi pomóc skontaktować się z policją?*

– *¿Cuál es el número de emergencia de la policía local?* – *Jaki jest numer alarmowy lokalnej policji?*

Wzywanie straży pożarnej

– *¡Llame a los bomberos!* – *Zadzwońcie po straż pożarną!*

– *Hay un incendio en el edificio.* – *W budynku jest pożar.*

– *¿Dónde está el hidrante más cercano?* – *Gdzie znajduje się najbliższy hydrant?*

– *¡Necesitamos ayuda para apagar el fuego!* – *Potrzebujemy pomocy, żeby ugasić ogień.*

– ¿Cuál es el número de emergencia de los bomberos? – Jaki jest numer alarmowy straży pożarnej?

W przypadku wzywania pomocy lub kontaktu z lokalnymi służbami ratunkowymi, ważne jest, aby w miarę możliwości podać jak najdokładniejsze informacje dotyczące sytuacji, takie jak adres, rodzaj incydentu czy liczba osób poszkodowanych. Pamiętaj, że w nagłych sytuacjach czas jest kluczowy, dlatego też warto z góry zapoznać się z odpowiednimi numerami alarmowymi w danym kraju i mieć je zawsze pod ręką podczas podróży. Działając odpowiednio i szybko, możesz pomóc sobie i innym w sytuacjach kryzysowych.

Zdrowie i bezpieczeństwo na podróży

Podczas podróży ważne jest zadbanie o swoje zdrowie i bezpieczeństwo, aby cieszyć się pełnymi wrażeń doświadczeniami. Oto kilka wskazówek dotyczących zdrowia i bezpieczeństwa na podróży:

1. Przygotowanie apteczki podróżnej

– Warto zabrać ze sobą podstawowe lekarstwa, takie jak leki przeciwbólowe, przeciwgorączkowe, środki na biegunkę, plastry i środki dezynfekujące.

– Sprawdź, czy nie potrzebujesz szczepień przed wyjazdem do danego kraju i skonsultuj się z lekarzem w razie wątpliwości.

2. Ubezpieczenie podróżne

– Wykup polisę ubezpieczeniową, która obejmuje koszty leczenia i ewakuacji medycznej w razie potrzeby.

– Upewnij się, że polisa obejmuje wszelkie aktywności, jakie planujesz wykonywać podczas podróży, takie jak sporty ekstremalne czy nurkowanie.

3. Przestrzeganie zasad higieny

– Myj regularnie ręce mydłem i wodą, szczególnie przed jedzeniem.

– Unikaj picia nieprzegotowanej wody i używaj wody butelkowanej do picia.

4. Bezpieczeństwo na ulicach

– Zachowuj ostrożność na ulicach i unikaj niebezpiecznych okolic, szczególnie w nocy.

– Zawsze miej przy sobie kopię dokumentów podróżnych, a oryginały zostaw w bezpiecznym miejscu w hotelu.

5. Środki zapobiegawcze w podróży

– Trzymaj się głównych szlaków turystycznych i unikaj nieznanych, odosobnionych miejsc.

– Nie zostawiaj bagażu bez nadzoru, szczególnie na lotniskach i dworcach kolejowych.

6. Dbaj o swoje zdrowie psychiczne

– Długie podróże i zmiany środowiska mogą być stresujące. Pamiętaj o odpoczynku i dbaj o swoje zdrowie psychiczne.

– Znajdź chwilę na medytację, czytanie lub inne relaksujące aktywności, które pomogą Ci odprężyć się podczas podróży.

Pamiętaj, że o swoje zdrowie i bezpieczeństwo można zadbać przed wyjazdem, planując i przygotowując się do podróży. Wiedza o miejscu, do którego się wybierasz, i podstawowe środki ostrożności pomogą Ci cieszyć się podróżą bez zbędnych obaw. W razie potrzeby, zawsze zwracaj się do lokalnych służb medycznych lub konsulatu swojego kraju. Przede wszystkim baw się dobrze, poznawaj nowe miejsca i kultury, jednocześnie zachowując zdrowie i bezpieczeństwo siebie i innych.

Rozdział 8: Przydatne aplikacje i zasoby

W dzisiejszych czasach podróżowanie staje się łatwiejsze dzięki zaawansowanej technologii. W tym rozdziale skupimy się na przydatnych aplikacjach i zasobach, które mogą pomóc Ci podczas podróży do hiszpańskojęzycznych krajów. Dowiesz się o różnych aplikacjach do nauki języka hiszpańskiego, które umożliwią Ci komunikację i porozumiewanie się w obcym kraju. Poznasz również praktyczne strony internetowe i przewodniki, które zapewnią Ci cenne informacje o miejscach do odwiedzenia, kulturze i tradycjach regionu. Dodatkowo, dowiesz się o słownikach i tłumaczach offline na telefonie, które będą Twoim niezastąpionym wsparciem w przypadku braku dostępu do internetu. Wyposażony w te narzędzia, Twoja podróż stanie się jeszcze bardziej ekscytująca i przyjemna, pozwalając Ci odkrywać nowe miejsca i poznawać lokalną społeczność bez trudu językowego. Przygotuj się na niezapomniane doświadczenia i korzystaj z nowoczesnych zasobów na każdym kroku swojej przygody po hiszpańskojęzycznych krajach. *¡Aprovecha al máximo tu viaje! (W pełni wykorzystaj swoją podróż!)*

Aplikacje do nauki języka hiszpańskiego na podróż

W dzisiejszych czasach technologia stanowi nieocenioną pomoc w nauce języków obcych, w tym języka hiszpańskiego. Gdy planujesz podróż do hiszpańskojęzycznego kraju, warto wykorzystać różnorodne aplikacje mobilne, które pomogą Ci szybko opanować podstawy języka i swobodnie porozumiewać się w trakcie podróży. Oto kilka popularnych aplikacji, które warto mieć na uwadze:

1. Duolingo

Duolingo to jedna z najpopularniejszych aplikacji do nauki języków. Posiada wiele interaktywnych lekcji, które uczą podstaw gramatyki, słownictwa i wymowy w sposób zabawny i efektywny.

2. Babbel

Babbel to kolejna popularna aplikacja, która oferuje kursy języka hiszpańskiego na różnych poziomach zaawansowania. Możesz uczyć się poprzez interaktywne lekcje i dialogi.

3. Memrise

Memrise to aplikacja, która opiera się na metodzie zapamiętywania przez powtarzanie. Oferuje bogatą bazę słów i zwrotów, które można szybko przyswoić dzięki systemowi powtórek.

4. Rosetta Stone

Rosetta Stone to zaawansowana aplikacja do nauki języków, która wykorzystuje technikę immersion, czyli zanurzenia w języku. Dzięki temu szybko nabierasz płynności w porozumiewaniu się.

5. HelloTalk

HelloTalk to unikalna aplikacja, która umożliwia praktykę języka w czasie rzeczywistym poprzez rozmowy z native speakerami. Możesz znaleźć rozmówcę, który chce uczyć się twojego języka, a ty jednocześnie będziesz uczyć się od niego hiszpańskiego.

6. Tandem

Tandem to kolejna aplikacja do nauki języków przez rozmowy z native speakerami. Możesz znaleźć partnera do tandemu i wymieniać się umiejętnościami językowymi.

7. Anki

Anki to aplikacja do nauki za pomocą fiszek. Możesz tworzyć swoje fiszki z hiszpańskimi słówkami i powtarzać je regularnie.

8. FluentU

FluentU to platforma, która wykorzystuje autentyczne materiały wideo do nauki języka hiszpańskiego, takie jak filmy, programy telewizyjne i teledyski.

9. SpanishDict

SpanishDict to aplikacja do szybkiego sprawdzania tłumaczeń, gramatyki i wymowy. Jest idealna do natychmiastowej pomocy podczas podróży.

10. SpeakEasy

SpeakEasy to aplikacja do nauki podstawowych zwrotów i wyrażeń, które są niezbędne w podróży. Dzięki niej szybko opanujesz komunikację w różnych sytuacjach.

Niektóre z tych aplikacji są dostępne za darmo, a inne wymagają subskrypcji, ale inwestycja w naukę języka hiszpańskiego na podróż z pewnością się opłaci. Wybierz te, które najlepiej odpowiadają Twoim potrzebom i stylowi nauki, a będziesz gotowy do swobodnej komunikacji w hiszpańskojęzycznym środowisku podczas swojej przygody za granicą.

Praktyczne strony internetowe i przewodniki dla podróżujących

W dobie Internetu podróżowanie stało się znacznie łatwiejsze dzięki dostępowi do praktycznych informacji, wskazówek i przewodników online. Gdy planujesz podróż do hiszpańskojęzycznego kraju, warto skorzystać z różnych stron internetowych i przewodników, które pomogą Ci w zaplanowaniu i zorganizowaniu podróży. Oto kilka przydatnych źródeł:

1. TripAdvisor (www.tripadvisor.com)

TripAdvisor to jedna z najpopularniejszych stron internetowych, gdzie podróżnicy dzielą się swoimi opiniami o hotelach, restauracjach, atrakcjach turystycznych i innych miejscach. Możesz znaleźć wiele cennych wskazówek od innych podróżników.

2. Booking.com (www.booking.bom)

Booking.com to platforma umożliwiająca rezerwację noclegów online. Znajdziesz tam szeroki wybór hoteli, hosteli i apartamentów w różnych miejscach.

3. Skyscanner (www.skyscanner.com)

Skyscanner to wyszukiwarka lotów, która pozwala porównać ceny biletów lotniczych w różnych liniach lotniczych i znaleźć najtańsze połączenia.

4. Lonely Planet (www.lonelyplanet.com)

Lonely Planet to jeden z najbardziej znanych przewodników turystycznych, oferujący szczegółowe informacje o różnych krajach i miastach, w tym o hiszpańskojęzycznych regionach.

5. Rough Guides (www.roughguides.com)

Rough Guides to kolejna popularna seria przewodników, która zapewnia wyczerpujące informacje o różnych miejscach na świecie, w tym o Hiszpanii i innych krajach hiszpańskojęzycznych.

6. Spain.info (www.spain.info)

Strona internetowa Spain.info to oficjalny portal turystyczny Hiszpanii, gdzie znajdziesz informacje o najważniejszych atrakcjach turystycznych, wydarzeniach kulturalnych i innych aspektach podróżowania po Hiszpanii.

7. WordReference (www.wordreference.com)

WordReference to jeden z najlepszych internetowych słowników i forum językowych, gdzie możesz znaleźć tłumaczenia słów i zwrotów z języka hiszpańskiego na wiele innych języków.

8. Wikitravel (www.wikitravel.org)

Wikitravel to wolna encyklopedia podróżnicza, na której znajdziesz wiele praktycznych informacji o różnych miejscach na świecie, w tym o hiszpańskojęzycznych krajach i miastach.

9. Spain-Holiday (www.spain-holiday.com)

Jeśli planujesz wynająć apartament lub dom w Hiszpanii, ta strona internetowa oferuje wiele opcji zakwaterowania w różnych regionach kraju.

10. Eat Spain Up! (www.eatspainup.com)

Jeśli interesuje Cię kuchnia hiszpańska, ta strona internetowa to skarbnica informacji o tradycyjnych potrawach, lokalnych przysmakach i najlepszych miejscach do jedzenia.

Dobrze jest korzystać z różnych źródeł internetowych i przewodników, aby uzyskać kompleksowe informacje i wskazówki dotyczące podróży do hiszpańskojęzycznych krajów. Pamiętaj, że każdy podróżnik ma inne preferencje i potrzeby, więc wybierz te strony i przewodniki, które najlepiej odpowiadają Twoim oczekiwaniom i planom podróżnym.

Słowniki i tłumacze offline na telefonie

Kiedy podróżujesz do hiszpańskojęzycznego kraju, ważne jest, aby mieć dostęp do dobrego słownika i tłumacza, który pomoże Ci porozumieć się i zrozumieć język lokalny. W dzisiejszych czasach, dzięki zaawansowanej technologii, możesz mieć te narzędzia zawsze pod ręką, nawet bez dostępu do internetu. Oto kilka polecanych słowników i tłumaczy offline na telefonie:

1. Duolingo

O tej aplikacji już wspomnieliśmy przy okazji nauki języka. Zawiera ona jednak także funkcję słownika i tłumacza offline. Możesz pobrać odpowiedni pakiet językowy przed podróżą i mieć dostęp do tłumaczeń bez konieczności korzystania z internetu.

2. SpanishDict

SpanishDict to jedna z najlepszych aplikacji do nauki języka hiszpańskiego. Możesz pobrać słownik offline, który zawiera definicje, tłumaczenia, przykładowe zdania i wiele innych przydatnych informacji.

3. Tłumacz Google

Tłumacz firmy Google oferuje funkcję offline, która pozwala na pobranie pakietów językowych i korzystanie z tłumaczeń bez połączenia z internetem.

4. Dict.cc

Choć głównie znane jako niemiecki słownik, Dict.cc oferuje także tłumaczenia z i na język hiszpański. Możesz pobrać słownik offline i mieć dostęp do tłumaczeń w podróży.

5. Spanish English Translator

Ta aplikacja oferuje tłumaczenia z języka hiszpańskiego na angielski i odwrotnie. Możesz pobrać pakiet offline i korzystać z niego bez internetu.

6. Reverso

Reverso to aplikacja, która oferuje tłumaczenia, definicje i przykłady użycia słów i zwrotów. Możesz pobrać słownik offline i korzystać z niego na wyjeździe.

7. iTranslate

iTranslate to zaawansowany tłumacz, który oferuje tłumaczenia z i na wiele języków, w tym język hiszpański. Możesz pobrać słownik offline i korzystać z niego podczas podróży.

Dobrze jest mieć kilka różnych słowników i tłumaczy zainstalowanych na telefonie, ponieważ różne aplikacje oferują różne funkcje i są bogatsze w różne słownictwo. Warto także pobrać odpowiednie pakiety językowe przed podróżą, aby móc korzystać z tłumaczeń offline. Dzięki tym aplikacjom będziesz mógł swobodnie porozumiewać się podczas podróży i łatwiej odnajdywać się w nowym środowisku hiszpańskojęzycznym. Podane aplikacje są dostępne na Android i iOS.

Rozdział 9: Podróże z pewnością siebie

Gratulacje! Udało Ci się dotrzeć do końca naszego praktycznego przewodnika "Hiszpański w podróży". Mam nadzieję, że ta książka była dla Ciebie pomocna i umożliwiła swobodne porozumiewanie się podczas podróży do hiszpańskojęzycznego kraju.

W trakcie lektury przewodnika nauczyłeś się wielu podstawowych form grzecznościowych i zwrotów przywitalnych, które są niezbędne do nawiązywania pierwszych kontaktów z mieszkańcami Hiszpanii, Meksyku, Kolumbii lub innych krajów hiszpańskojęzycznych. Nauczyłeś się także zadawać pytania o imię, pochodzenie i cel podróży, co pozwoliło Ci nawiązać ciekawe rozmowy i lepiej poznać nowych ludzi.

Ponadto, zdobyłeś umiejętność zrozumienia prostych odpowiedzi na pytania oraz składania krótkich wypowiedzi na różne tematy związane z podróżowaniem. Poznałeś także praktyczne zwroty i wyrażenia przydatne podczas rezerwacji pokoju w hotelu, korzystania z transportu publicznego czy zamawiania posiłków w restauracjach.

Dzięki temu przewodnikowi, zyskałeś również wiedzę na temat korzystania z mapy i nawigacji w nieznanych miejscach, znajdowania toalety i innych udogodnień publicznych oraz poradzenia sobie w różnych sytuacjach kryzysowych podczas podróży.

Nie zapomnij również o praktycznych aplikacjach i słownikach offline na telefonie, które pozwolą Ci na swobodne tłumaczenie i rozumienie języka hiszpańskiego podczas wyjazdu.

Mam nadzieję, że zdobyte umiejętności pozwolą Ci cieszyć się pełnią podróżniczych przygód w hiszpańskojęzycznym kraju i nawiązywać ciekawe i inspirujące relacje z lokalnymi mieszkańcami. Życzę udanej podróży i wielu wspaniałych doświadczeń! *A disfrutar del viaje! (Ciesz się podróżą!)*

* 9 7 9 8 2 2 3 7 7 9 7 0 4 *